DE
FÉVRIER A JUIN
1848

(SOUVENIRS PERSONNELS)

Par le Docteur A. CORLIEU

Chevalier de la Légion d'honneur

CHATEAU-THIERRY

Chez M. MARCHAND, Libraire, Grande-Rue, n° 10

—

1888

A LA MÊME LIBRAIRIE :

1° **Histoire de Charly-sur-Marne**, par le Dr A. CORLIEU, 1 vol. in-8°, avec cartes, dessins, etc., prix.............. 4 fr. »

2° **Géographie du Canton de Charly-sur-Marne**, par le même, avec carte, prix................ .... 0 fr. 90

DE
FÉVRIER A JUIN
1848

(Souvenirs Personnels)

PAR LE DOCTEUR A. CORLIEU

Chevalier de la Légion d'Honneur

CHATEAU-THIERRY
Chez M. MARCHAND, Libraire, Grande-Rue, n° 10

1888

DE
FÉVRIER A JUIN 1848

(SOUVENIRS PERSONNELS)

En 1848, j'habitais le douzième (aujourd'hui cinquième) arrondissement. La mairie était rue Saint-Jacques, n° 262. Le maire était De Lanneau, directeur de l'Ecole des Sourds-Muets; les deux adjoints étaient Boissel et Jubé.

En Février 1848, on discutait à la Chambre l'adresse en réponse au discours du Trône, dans lequel quelques mots avaient froissé l'opposition. Les esprits étaient inquiets : une sourde agitation faisait pressentir quelques orages. On demandait la réforme électorale, l'adjonction des capacités; c'était justice. Le Gouvernement résistait.

On organisa dans le 12e arrondissement un grand banquet réformiste. L'adjoint Boissel en fut élu président. Boissel était un député de la Seine, qui, sans avoir beaucoup fait parler de lui, eut alors son heure de popularité. Les députés de l'opposition devaient assister à ce banquet qui avait été fixé au mardi 22 février, rue du Chemin de Versailles. Le Comité réformiste de Saint-Quentin avait adressé une lettre aux députés de l'Aisne, qui était alors le département le mieux représenté à la Chambre. Sur sept députés, cinq avaient donné leur adhésion et promis d'assister au banquet ; c'étaient Odilon Barrot, de Brotonne, de Cambacérès, Lherbette, et Quinette. Vivien (de Saint-Quentin), et Paillet (de Château-Thierry), n'avaient rien promis, quoique appartenant à l'opposition.

Le Gouvernement avait déclaré qu'il n'autoriserait pas les banquets. C'était un nouveau grief contre lui. On ne se contenta plus de demander la réforme électorale, on voulut le droit de réunion.

La déclaration suivante fut affichée dans le quartier des Ecoles :

« Les Ecoles, fidèles à leur tradition patriotique, donneront leur concours à la protestation solennelle organisée en faveur du droit de réunion, méconnu par le pouvoir.

« Les Ecoles sont décidées à apporter dans cette manifestation le calme, l'esprit et la fermeté si nécessaires à l'accomplissement d'un aussi grand acte politique.

« La réunion générale a lieu mardi (22 février), place du Panthéon, à l'heure indiquée par les journaux. La colonne d'étudiants prendra place entre deux haies formées par les gardes nationaux de la 12e légion, dont le concours a été accepté avec reconnaissance.

« Il a été décidé par le Comité organisateur que les Ecoles auraient dans le cortège une place officielle. »

Le lundi 21 février, les députés de l'opposition déclarèrent qu'ils n'assisteraient pas au banquet, mais qu'ils feraient prévaloir le droit de réunion par toutes les voies constitutionnelles.

Etait-ce un acte de prudence de leur part ? Etait-ce une reculade ?

De leur côté, le général Jacqueminot, commandant en chef des Gardes nationales de la Seine, et le Préfet de police Delessert, avaient adressé, le premier, un ordre du jour à la Garde nationale pour lui faire savoir qu'elle n'avait pas à prendre part aux manifestations; le second, une proclamation au peuple de Paris pour lui faire savoir que les rassemblements étaient interdits et seraient sévèrement réprimés.)

Malgré cela, le mardi 22 février, la population se porta en masse vers les Champs-Elysées et la Chambre des députés, aux cris de « Vive la Réforme ! A bas Guizot ! » et en chantant la Marseillaise.

La Marseillaise, composée par Rouget de l'Isle à une époque où la France était menacée à sa frontière par les armées coalisées, est restée l'hymne national, le chant de l'indépendance, aussi bien contre l'ennemi du dehors que contre l'ennemi du dedans. Ce fut le cri de la liberté poussé en 1792 par l'armée du Rhin et chanté par les volontaires Marseillais en marchant contre les Tuileries à la Journée du 10 Août. On chanta la Marseillaise en Juillet 1830 ; on la chanta en Février 1848, et pour ma part je n'oublierai jamais l'impression que j'ai éprouvée à cette époque quand j'ai entendu Rachel nous la dire au Théâtre Français. Rachel rendait à la Marseillaise sa terrible expression : elle ne la chantait pas, elle la disait. A la dernière strophe,

> Amour sacré de la Patrie,
> Conduis, soutiens nos bras vengeurs...

le genou à terre, tenant de sa main gauche la hampe du drapeau, la main droite sur le cœur, elle adoucissait la voix et le geste : on eut dit que l'âme de la Patrie était incarnée dans cette femme sublime. Jamais pareille émotion n'avait gagné la salle qui croulait sous les applaudissements frénétiques des spectateurs. Jamais pareil chant n'aura un tel interprète.

Aujourd'hui il semble que la Marseillaise soit comme le certificat de tous ceux qui *se disent* républicains, et on peut affirmer, sans crainte, que sur cent chanteurs, on n'en trouverait pas deux capables d'en réciter trois strophes. On sait le refrain et la première strophe, et c'est tout.

Le Pouvoir avait dit : « Nous répondons de l'ordre et nous affirmons qu'il ne sera pas troublé. »

Le Pouvoir avait une assurance que tout le monde ne partageait pas.

Ceux qui ont vécu pendant les temps d'agitations populaires savent que la Garde nationale est l'agent principal des révolutions. On l'a vu en 1830, en Février et en Juin 1848. Si en Juin 1848 le parti de l'ordre l'a emporté, c'est que la majorité de la Garde nationale était pour lui.

Dans la matinée du 22 février on avait fait circuler dans le quartier des Ecoles la pétition suivante :

« La manifestation patriotique empêchée par le Gouvernement est la plus grande preuve qu'il craint un appel à la justice du pays.

« Il ne nous reste plus, pour arriver à la conservation des droits que 1830 a consacrés, que notre confiance dans les députés de l'opposition. Nous attendons d'eux la demande de mise en accusation du Ministère. Comme d'avance nous en sommes convaincus, elle sera repoussée par la majorité, vu les liens qui la retiennent, nous espérons que chaque député véritablement attaché à nos libertés saura prendre une résolution énergique pour répondre à l'attente générale. »

Il s'agissait de porter cette pétition à la Chambre des députés.

Vers midi, notre cortège fort nombreux partait de la place du Panthéon et descendait en silence par les rues de Grenelle et de Bourgogne. Le pont de la Concorde était occupé militairement par des dragons, de la ligne et de la garde municipale. La garde municipale gardait le pont ; les dragons étaient près du Ministère de la Marine et l'infanterie de ligne était en réserve près de la Madeleine.

Arrivé près de la Chambre des députés, notre cortège envoya à la Chambre une députation pour remettre la pétition : un autre détachement se rendit aux bureaux du *National*, 3 rue Lepelletier.

La pétition fut déposée sur le bureau de la Chambre par Crémieux : elle était revêtue de plus de 800 signatures.

La foule grossissait de plus en plus, elle voulait rompre la ligne qui formait le pont de la Concorde, et quelques charges de cavalerie eurent lieu pour dégager la place.

Je connaissais au n° 8 un parent de ma famille, M. M..., qui était intendant chez le prince Armand de Polignac. Je suis monté chez lui. Il avait été chez le ministre Polignac en 1830, et il était resté fidèle à cette famille, dans sa bonne comme dans sa mauvaise fortune. De ses fenêtres, il assistait à ce spectacle. Il ne me parlait jamais politique; mais je le soupçonnais fort d'être légitimiste : j'avais au moins bien des raisons de le croire tout autre chose qu'orléaniste.

Je lui dis quel avait été le but de notre démarche à la Chambre. « C'est une révolution, me dit-il; j'ai vu 1830 et mon opinion est faite. Le Gouvernement ne cédera pas et sera renversé. »

J'étais convaincu qu'il n'en serait pas fâché, mais pour d'autres raisons que moi.

Je le quittai pour rejoindre notre cortège qui s'était dissipé. J'appris qu'on venait de prendre et d'incendier un poste dans les Champs-Élysées. Revenant par la rue Saint-Honoré, j'ai vu commencer quelques barricades et arracher les grilles de l'Église de l'Assomption, ce qui s'est fait avec une rare rapidité. Une quinzaine d'individus montèrent sur le mur d'appui et tirèrent en cadence les grilles qui cédèrent presque immédiatement.

Je regagnai mon quartier en prenant le chemin des écoliers ou des curieux, c'est-à-dire le plus long.

Le mercredi 23, tout Paris était en émoi. Les députés de l'opposition s'étaient réunis et concertés sur la conduite qu'ils auraient à tenir. La mise en accusation du Ministère était décidée et devait être soutenue par quatre des députés de l'Aisne, Odilon Barrot, Lherbette, Quinette et de Cambacérès. La Garde nationale se joignait au peuple; l'armée était fort embarrassée. Elle était acclamée partout aux cris de : « *Vive la ligne !* »

Néanmoins on se porta encore vers la Chambre qui discutait la banque de Bordeaux. Crémieux déposa sur le bureau un certain nombre de pétitions. Le Gouvernement était pour la résistance ; mais pour résister sans se briser, il faut non seulement la force matérielle, mais encore la force morale. Il ne faut pas de ces ministres cramponnés au pouvoir, trouvant que tout est mal quand ils sont en bas et que tout est bien quand ils sont en haut ; ayant la bouche pleine de mots sonores et le cœur vide de patriotisme ; se disant démocrates et n'en ayant que l'apparence ; promettant tout avant d'arriver et, une fois arrivés, se hâtant d'oublier leurs promesses, ou les ajournant toujours en disant que le moment propice n'est pas encore venu. Le peuple qui souffre est comme le malade qui s'abandonne à celui qui lui promettra sa guérison. Tant pis pour lui s'il tombe entre les mains des charlatans. Et la politique n'en manque pas.

Des barricades s'élevaient dans les différents quartiers. L'émeute allait devenir révolution. Aux cris de : « Vive la réforme ! Vive la ligne ! » se joignaient ceux de : « A bas Guizot ! A bas le Roi ! »

La foule se portait en masse vers le Ministère des Affaires étrangères qui était alors situé boulevard des Capucines, au coin de la rue des Capucines. Je m'y trouvais lorsque des officiers d'ordonnance sont venus annoncer la chute du Ministère Guizot, remplacé par un Ministère Odilon Barrot.

Il était trop tard.

Le soir, un bataillon était rangé en bataille devant l'Hôtel du Ministère. Un coup de feu partit. Était-ce par hasard ou avec intention ? On ne l'a jamais su. Les soldats se croyant attaqués, firent feu : une décharge renversa une cinquantaine d'hommes.

Les morts sont relevés et promenés dans un tombereau. La nouvelle se répand vite dans tout Paris et on s'apprête à la lutte pour le lendemain.

La nuit fut une de ces nuits étranges qu'on ne peut décrire.

Le jeudi matin, 24 février, il y avait des barricades partout. Les Tuileries étaient cernées et quelques coups de feu se faisaient entendre.

Vers 10 heures, on fit afficher une proclamation annonçant la chute du Ministère, et, peu après, une autre qui était l'abdication du Roi en faveur de son petit-fils.

C'était fini de la royauté, et l'ordre fut donné aux troupes de se replier en bon ordre derrière les grilles des Tuileries, puis vers les Champs-Elysées.

Mais toutes les troupes n'avaient pu quitter leurs postes, et quelques détachements ont cru devoir résister. C'était un dévouement bien inutile.

Il y avait à cette époque sur la place du Palais Royal, vis-à-vis le Palais qui était alors la résidence du duc de Montpensier, un bâtiment, avec une fontaine, qu'on appelait le Château d'eau. Le bâtiment était occupé par un poste de soldats du 14e de ligne. Ce bâtiment était isolé entre deux rues, la rue Froid-Manteau à gauche, et la rue Saint-Thomas-du-Louvre à droite. Ce bâtiment a été démoli vers 1849, et les rues du Coq, de la Bibliothèque, du Chantre, Pierre Lescot ont disparu ainsi que les maisons, pour être remplacées par les Grands Magasins du Louvre, et le nom de rue Pierre Lescot a été donné à une rue nouvelle, dans le voisinage des Halles.

Ici nous laissons la parole au *National* :

« Il est midi un quart. Un nombreux détachement de Garde nationale est rangé sur l'espèce de plate-forme élevée qui longe le Château d'eau du Palais Royal ; d'autres gardes nationaux mêlés au peuple, en armes, débouchent de la rue Saint-Honoré et de la rue de Valois, en franchissant les barricades. Quelques hommes restés rue de Valois attaquèrent alors l'entrée de la cour du Palais, du côté des écuries.

« Des coups de feu tirés de ce côté se font entendre, et à ces coups de feu répondent d'autres coups de feu partis du poste qui se trouve au coin de la rue Saint-Thomas-du-Louvre et encore occupé par la troupe de ligne.

« A partir de midi et demi, une fusillade extrêmement vive s'est engagée entre les gardes nationaux réunis aux citoyens postés à l'angle nord-est de la place du Palais Royal, et de la troupe de ligne établie à l'angle sud-est de la place. Au bout de quelques instants, les cris : Aux Tuileries ! aux Tuileries ! se font entendre. »

Le feu a redoublé de part et d'autre. Enfin un vigoureux effort a permis d'arriver jusqu'au poste qui se défend avec énergie. Ces pauvres soldats avaient été abandonnés dans ce poste ; ils n'avaient pas reçu d'ordres pour le quitter et ne connaissant que leur consigne, ils n'ont pas voulu se rendre. Néanmoins, un capitaine de la Garde nationale, le docteur Lesseré, de la 3e légion, s'était séparé de son petit détachement et s'était approché du poste, au milieu de la fusillade, pour engager les soldats à cesser toute résistance inutile. Une balle vint le frapper à la cuisse et lui cassa le fémur. Le capitaine Lesseré fut relevé et porté sur un brancard à son domicile boulevard Montmartre, n° 14.

La blessure du docteur Lesseré fut très grave. On dut enlever des esquilles et pendant quelque temps on craignit l'amputation de la jambe. Il guérit néanmoins avec un raccourcissement de dix centimètres et une claudication considérable. Le Gouvernement provisoire, pour le récompenser, le nomma médecin en chef de la Garde mobile, titre qui fut purement honorifique, car lorsque le docteur Lesseré put marcher avec deux béquilles, la Garde mobile n'existait déjà plus. Il fut nommé ensuite colonel à l'état-major général de la Garde nationale. Il est mort d'une maladie du cœur au mois de novembre 1863.

Au premier coup de feu, le factionnaire du poste du Château d'eau avait été atteint d'une balle dans le bras, le sous-lieutenant qui commandait fut blessé à son tour. Mais comme le petit poste tenait toujours, on a eu recours pour s'en emparer à un moyen barbare. Lesseré avait cherché, au péril de sa vie, à arrêter l'effusion inutile du sang français. Le voyant tomber, sa petite troupe devint furieuse. Elle alla chercher dans le voisinage un tonneau qui avait contenu de l'huile ; le tonneau, rempli de copeaux, fut roulé contre les portes du poste et incendié. Le feu gagna vite, et les pauvres soldats qui y restaient furent asphyxiés et carbonisés.

Les docteurs Ollivier et Remongin purent alors pénétrer dans le poste, malgré la fumée, et délivrèrent quatre prisonniers qui, sans eux, seraient morts asphyxiés.

Le général de Lamoricière reçut une blessure à la main à l'entrée de la rue de Rohan et fut pansé chez le marchand de vin, au coin de la rue de Valois et de la rue Saint-Honoré (aujourd'hui maison Torchet).

On fut ainsi maître du Château d'eau. Dans la soirée, les cadavres de ces malheureuses victimes de la consigne furent portés dans le petit pavillon de droite de la cour du Palais Royal. C'étaient les premiers cadavres carbonisés que je voyais : le spectacle en est horrible. J'en appelle à ceux qui, comme moi, ont vu en 1887 les victimes de l'incendie de l'Opéra-Comique.

Quand, à quarante ans de distance, on songe aux malheurs qu'amènent les révolutions, on déplore l'entêtement des uns, l'ambition des autres, et on se sent pris d'une pitié sympathique pour les victimes, de quelque côté qu'elles se trouvent.

J'ai été témoin de tous ces faits et le souvenir n'en sortira jamais de ma mémoire. C'était la première fois que j'entendais les balles siffler à mes oreilles, et j'avoue que ce petit bruit ne laisse pas que d'impressionner celui qui ne l'a jamais entendu. Je devais l'entendre encore aux journées de Juin. On s'y fait. Je fus très légèrement atteint à la jambe droite d'un coup de feu qui ne fit qu'effleurer le mollet et dont je ne m'aperçus qu'à la déchirure de mon pantalon.

Le poste pris, les cris « Aux Tuileries ! » ont redoublé : la place du Carrousel a été envahie et on est monté dans les appartements des Tuileries, par le grand escalier, sans rencontrer la moindre résistance. Nous étions peut-être deux ou trois mille, civils et gardes nationaux ; on ne marchait pas, on était porté. Le roi, accompagné de la reine, venait de quitter le Palais par le souterrain de la terrasse du bord de l'eau.

Peu de dégâts cependant ont été commis dans les différents appartements; c'est surtout dans la salle du trône que s'est manifestée la colère des combattants et des envahisseurs. Le trône a été enlevé pour être brûlé publiquement, les rideaux en velours cramoisi ont été déchirés. Comme beaucoup d'autres, j'en ai emporté un morceau. On en portait des lambeaux à sa boutonnière.

Je revins au Palais Royal dont les appartements avaient été envahis presque en même temps que ceux des Tuileries. Le duc de Montpensier qui y avait donné une soirée dans la nuit du 21 au 22 février, l'avait abandonné. Dans leur colère les envahisseurs avaient jeté par les fenêtres beaucoup de livres, de papiers et d'objets mobiliers. Dans la cour j'ai ramassé quelques papiers et un petit volume relié en maroquin rouge, doré sur tranches, ayant pour titre : *La Vaccine soumise aux simples lumières de la raison, ou Conférences villageoises sur la vaccine*, par C. C. H. Marc. Ce petit volume in-12, de 98 pages, imprimé en 1809, porte la dédicace suivante : « Respectueusement offert à son Altesse sérénissime Mademoiselle d'Orléans, par son très humble serviteur, Marc. »

Le docteur Marc était alors le médecin de Louis Philippe, duc d'Orléans, et l'ouvrage était offert à la princesse Adélaïde, sa sœur, morte quelques mois avant la Révolution de février. Le docteur Marc est mort en 1840.

Parmi les papiers que j'ai ramassés, je possède encore une lettre adressée au duc de Montpensier, le 28 avril 1846. En voici la copie :

A Monsieur le Duc de Montpensier.

Monsieur,

Une société de vingt personnes, dans le but de philanthropie, s'est formée sous la présidence de M. Tissot, de l'Académie, et de M. le docteur Mège, de l'Académie royale de médecine, l'un de nos premiers commissaires, pour soulager une honorable infortune. Confiante dans votre générosité, elle a l'honneur de vous adresser vingt billets, convaincue à l'avance que vous ne refuserez pas votre concours à cette œuvre toute fraternelle et de charité.

J'ai l'honneur d'être, Monsieur,
Votre très humble

Adèle ADDEN,
Patronesse Caissière.

28 Avril 1846. Rue Lavoisier, n° 19.

En haut de cette lettre, le duc de Montpensier avait écrit : « Reçu les billets, il y en avait pour 200 francs. — 2 mai 1846. »

Le 29 février 1848 (l'année était bissextile), le *Siècle* publiait les lignes suivantes :

« Dès le commencement du feu une ambulance a été établie au Palais Royal ; nous devons citer les noms des citoyens qui se sont établis là en permanence et qui portaient des secours au milieu des balles. Ils se nomment Baron, Clément, Corlieu, Philippe, Bonneville, Pujade Abdon et Simon Cohen... Dès que tous les blessés ont été placés dans les hôpitaux et les maisons particulières, les citoyens dont nous venons de citer les noms, accompagnés de gardes nationaux de la 2e, ont fait dans le quartier une quête en faveur des blessés qui a produit 920 francs, et que nous déposons aujourd'hui à la mairie du 3e arrondissement. »

La *Gazette de France*, journal fort peu républicain, publiait le lundi 28 février, un article analogue, citant les mêmes noms. A cette date, le produit de notre quête n'était que de 757 fr. 45.

La galerie d'Orléans est devenue une ambulance provisoire. « Cette ambulance du Palais Royal, dit la *Gazette Médicale* du 11 mars 1848, était de toutes la plus grande et la plus peuplée, et le service médical y a été particulièrement pénible. Nous connaissons des confrères qui sont restés à leur poste pendant trente-six heures, sans désemparer, sans repos, sans sommeil... » Les locataires avaient apporté des matelas qui ont été étendus des deux côtés, ce qui faisait un effet pittoresque. Le café d'Orléans a fait la tisane et le thé pour nos blessés;

les dames de la galerie ont été nos infirmières volontaires : Chevet a fourni un peu de grosse nourriture, et les caves du duc de Montpensier ont été mises à contribution pour le vin.

Nous avons eu à soigner une cinquantaine de blessés, quatre plaies de tête mortelles, des fractures par coups de feu, des plaies par armes blanches (1).

Cette nuit fut pour nous une nuit sans sommeil.

Le vendredi 25, vers 6 heures du matin, ceux qui dormaient dans notre ambulance ont été éveillés par le chant alors populaire du Chevalier de Maison-Rouge :

> Par la voix du canon d'alarmes
> La France appelle ses enfants ;
> Allons ! dit le soldat, aux armes !
> C'est ma mère, je la défends.
>
> Mourir pour la Patrie (bis)
> C'est le sort le plus beau, le plus digne d'envie (bis).

Cette mélopée ne vaut pas la Marseillaise assurément, mais l'effet qu'elle produisit à cette heure matinale et dans ces circonstances fut considérable.

Je fus deux jours et deux nuits sans rentrer chez moi et sans mettre les pieds à l'hôpital. Ce petit service d'ambulance du Palais Royal nous occupa assez, mes collègues et moi, avant le renvoi de nos blessés dans leurs familles ou leur placement dans les hôpitaux.

Du velours du trône que j'avais rapporté des Tuileries, nos infirmières m'ont fait, comme souvenir, une pelote d'hôpital à épingles, portant d'un côté la date 24 février en lettres gothiques et de l'autre mes lettres initiales A. C. Je conserve très précieusement cette pelote qui a repris son service avec moi pendant la guerre de 1870-1871 aux ambulances du Palais Royal et du presbytère Saint-Roch, auxquelles j'étais attaché

---

(1). Hippolyte Denise est mort à l'hôpital le 26 février.
Delacquin, employé, rue Richelieu, 102, est mort des suites de sa blessure chez ses parents, à Versailles, le 5 mars.

comme chirurgien. Cette fois, ce n'était plus la galerie d'Orléans qui recevait nos blessés : tout le premier étage du Palais avait été mis à notre disposition, et parmi nos blessés, nous avons compté le commandant Perelli, amputé du bras droit, le capitaine d'état-major Fayet, qui fut officier d'ordonnance des Présidents Thiers et Grévy, aujourd'hui lieutenant-colonel d'artillerie, atteint d'une fracture de crâne par éclat d'obus, le commandant Daguillon, du 109e de ligne, le capitaine Dode, qui eut les deux joues traversées par une balle, etc., etc.

Dans cette même ambulance, entrèrent dans les services de médecine, Vignon, de Charly, Tarratre (Émile), de Saulchery, Corré, de Domptin, etc., tous gardes mobiles de l'Aisne, Léon Flichy, etc. (1).

A l'ambulance du presbytère Saint-Roch, exclusivement réservée aux cas de médecine, j'ai compté parmi mes malades nos jeunes compatriotes Pangot, d'Orbais (Marne), soldat au 107e, Mathieu, de Courmont (près Fère-en-Tardenois), garde mobile au 1er bataillon de l'Aisne, Dansin (Jean), de Ronchères, Gaillard (Jules-Célestin), de Château-Thierry, Bataille (Pierre), de Messy, etc., etc. (2).

Le nombre des blessés pendant les journées de Février 1848 envoyés dans les différents hôpitaux de Paris s'éleva à 638, et, à la date du 23 mars, le nombre des décès donné par les documents officiels était de 98 (*Gazette des Hôpitaux*, 23 mars). Ce furent les hôpitaux de l'Hôtel-Dieu et de la Charité qui en reçurent le plus grand nombre.

---

(1). — Vignon, entré le 12 décembre pour rhumatismes.
— Tarratre, entré le 21 novembre pour congestion pulmonaire.
— Corré, entré le 21 novembre pour entorse, et le 31 janvier pour bronchite.
— Flichy, entré le 14 décembre pour bronchite et fièvre catarrhale.
(2). — Pangot (Albert), entré le 23 décembre 1870 pour phlegmon à la face plantaire du pied droit.
— Mathieu (Hector), entré le 1er janvier 1871.
— Dansin (Jean), entré le 1er janvier pour broncho-pneumonie et abcès au cou.
— Gaillard (J. C.), entré le 1er janvier pour pneumonie à gauche.
— Bataille (Pierre), entré le 9 janvier pour pneumonie à droite.

Pendant près de deux mois la médecine fut un peu négligée par les étudiants pour la chirurgie. Dans chaque hôpital les chirurgiens faisaient des leçons cliniques sur les plaies d'armes à feu, ne se doutant guère que leurs leçons devaient servir quelques mois après, aux Journées de Juin.

Le soir du 24 février, un Gouvernement provisoire s'était installé à l'Hôtel de Ville, et il déclarait qu'il voulait la République (1).

Cette nouvelle parvint vite à notre ambulance du Palais Royal et le lendemain nous apprenions que les Tuileries, après avoir abrité la Royauté pendant trois siècles, allaient devenir *l'Hospice des Invalides du travail* ou *l'Hôtel des Invalides civils*. Un arrêté du Gouvernement provisoire, en date du 24 février, chargeait du service chirurgical le docteur Richet, agrégé de la Faculté de Médecine, aujourd'hui Membre de l'Institut, professeur à la Faculté et chirurgien de l'Hôtel-Dieu.

Cette nouvelle destination des Tuileries était due au docteur Leroy d'Etiolles. J'y fus attaché pendant quelques jours on me remit à cet effet le laisser-passer suivant :

« Je prie de laisser passer le citoyen Corlieu, pour aller au
« bureau des blessés leur donner des soins.

« *Signé* : Leroy d'Etiolles,
« *Chirurgien-principal.* »

La Révolution de Février 1848 avait renversé la royauté, mais elle ne s'attaquait pas à la religion. On n'avait pas encore songé aux infirmières laïques, et des sœurs garde-malades de Notre-Dame-de-Bon-Secours furent appelées pour les besoins du service intérieur. Un aumônier de l'hôpital de la Charité, l'abbé Denis, fut chargé du service religieux, et c'est la

---

(1). Les membres du Gouvernement provisoire étaient : Dupont (de l'Eure), Lamartine, Crémieux, Arago, Ledru-Rollin, Garnier-Pagès Marie ; — Ar. Marrast, Louis Blanc, Flocon, et Albert, leur étaient adjoints.

salle du Trône, elle-même, qui devint la chapelle provisoire.

Ce n'est que le 15 août 1848 que l'Hôtel des Invalides civils est redevenu le Palais des Tuileries.

Le dimanche 27 février, la République fut proclamée officiellement au pied de la Colonne de Juillet avec un grand enthousiasme, qui ne devait pas être de longue durée, car le contre-coup de Juin devait être bien fatal à la République de 1848.

La Révolution qui s'était faite dans le Gouvernement eut aussi son retentissement à la Faculté de Médecine. Le doyen Orfila fut remplacé par le professeur Bouillaud, le 29 février, et ce dernier décanat, quoique de courte durée, vit éclore des propositions bien étranges. Un professeur, en montant en chaire, remplaça le mot « Messieurs » par « Citoyens élèves ». Il fut applaudi, tout naturellement. L'amphithéâtre de la Faculté fut prêté pour des clubs, pour des professions de foi de candidats à toutes sortes de fonctions. Caussidière est venu y faire la sienne, qui fut suivie de celle de Piorry, professeur de pathologie interne.

Le 1er mars, le Gouvernement provisoire institua une commission des récompenses nationales, dont le président était Albert et qui comptait parmi ses membres Eugène Sue, Victor Masson, Ernest Legouvé, etc. Mes collègues de l'ambulance du Palais-Royal et moi nous y fumes appelés et chaudement félicités. Ce fut tout.

Le jeudi 2 mars, pendant qu'une longue députation partait de l'Hôtel-de-Ville pour se rendre à la tombe d'Armand Carrel, au cimetière de Saint-Mandé, les élèves en médecine, réunis sous la présidence de Ricord, le plus populaire des médecins, portèrent leur adhésion au Gouvernement provisoire et au Maire de Paris. Nous étions environ trois cents réunis sur la place de l'Odéon, précédés d'une fanfare improvisée, dont Vincent, qui fut plus tard médecin à Ay, avait pris la direction. Arrivés au Ministère des affaires étrangères, une députation demanda à saluer Lamartine. Le Ministre descendit sur le perron de l'hôtel et nous fit une allocution patriotique, se terminant par cette idée « que la poésie n'est pas incompatible avec l'amour de la patrie et qu'au besoin il ferait voir qu'un poète sait mourir pour son pays. »

Lamartine l'a prouvé quand il a défendu le drapeau tricolore contre le drapeau rouge qu'on avait voulu lui imposer, le 25 février. « Pour ma part, dit-il, je ne l'adopterai jamais ; car le drapeau tricolore a fait le tour du monde avec la République et l'Empire, avec nos libertés et nos gloires, et le drapeau rouge n'a fait que le tour du Champ-de-Mars, traîné dans les flots du sang du peuple. »

Lamartine était l'homme du moment ; sa popularité était immense. Il n'avait pas, comme Victor Hugo, son émule en poésie, chanté et délaissé tour à tour tous les gouvernements ; il n'avait pas demandé, comme lui, le retour des cendres de Napoléon 1er, dont il prévoyait les conséquences. Sa parole avait le don de pacifier les foules.

Nous lui avons tous serré la main au Ministère des Affaires étrangères, et avons repris tranquillement le chemin du quartier des Ecoles.

Le samedi 4 mars était le jour fixé pour les funérailles des victimes des Journées de Février. C'est à la Madeleine qu'eut lieu le service religieux. La façade tendue de noir portait l'inscription suivante : « *Aux Citoyens morts pour la Patrie.* »

A midi, les membres du Gouvernement provisoire firent leur entrée dans l'église et les chœurs entonnèrent la Marseillaise.

A l'intérieur s'élevait un immense sarcophage, contenant une quinzaine de cercueils. De chaque côté du sarcophage on lisait : *Morts pour la Patrie.* Les corps des autres victimes avaient été placés la nuit précédente dans les caveaux de la Colonne de Juillet : on en avait compté, dit-on, près de cent quarante.

La cérémonie terminée, le cortège se dirigea par les boulevards jusqu'à la Colonne de Juillet. Il y avait six corbillards précédés du clergé de la Madeleine, et suivis des membres du Gouvernement provisoire, et de nombreuses députations, parmi lesquelles étaient celles des Ecoles, portant leur bannière, crêpée de noir. Sur tout le parcours les curieux placés aux fenêtres agitaient leurs mouchoirs ou des drapeaux, en signe d'adhésion.

Après les députations venait le char symbolique de la République, orné de drapeaux tricolores et traîné par huit chevaux.

La cavalerie fermait le cortège qui n'arriva que vers quatre heures à la Colonne de Juillet. Le défilé dura près d'une heure, et nous ne sommes rentrés qu'à la nuit dans le quartier des Ecoles.

Ceux qui étaient témoins de ces fêtes et de cet enthousiasme pouvaient croire que la République était à jamais établie.

Tous les étudiants faisant partie de la Garde nationale, d'après le décret du Gouvernement provisoire, le quartier des Ecoles devint un peu caserne. On allait le matin à l'hôpital, quelquefois avec son fusil qu'on laissait chez le concierge, puis à l'exercice, puis aux cours, puis le soir aux réunions électorales pour la Garde nationale et la Chambre des représentants du peuple.

Cette organisation de la Garde nationale ne se fit pas sans difficultés.

Le mardi 7 mars, le Gouvernement décida que les diverses écoles nommeraient à l'élection deux élèves pour le grade de capitaine à l'état-major général.

Ce fut encore pour les étudiants en médecine l'occasion de nouvelles réunions à la Faculté, qui se terminèrent par l'élection d'Avrillon, blessé aux Journées de Février, et de Montanier, mort il y a quelques années médecin à Paris et vénérable d'une loge maçonnique.

Il y avait dans la Garde nationale des compagnies d'élite, grenadiers et voltigeurs. Ces compagnies se recrutaient elles-mêmes, par convenance, par affinité. La coiffure consistait en bonnets à poil, dont le prix était assez élevé, ce qui ne permettait pas à tous d'en faire partie, et ce qui établissait une inégalité entre les citoyens.

Le jeudi 16 mars eut lieu une grande manifestation pour demander la suppression de ces compagnies. On fit courir le bruit que les grenadiers et les voltigeurs des quartiers les plus riches voulaient envahir l'Hôtel de Ville et renverser le Gouvernement provisoire.

Vers 2 heures de l'après-midi, on fit battre le rappel dans certains arrondissements. Dans le douzième, Barbès avait été nommé d'office colonel par le Gouvernement, en remplacement de Lavocat, qui était directeur des Gobelins. En peu de temps la place du Panthéon fut pleine de gardes nationaux. Barbès se promenait avec quelques officiers sur les marches du Panthéon, en attendant l'arrivée des munitions. Chaque homme reçut cinq cartouches; on fit charger les armes et la légion descendit, au pas de charge, sur l'Hôtel de Ville par la rue Saint-Jacques, le quai Montebello, la place du Parvis, la rue d'Arcole et le pont d'Arcole. Ce pont était suspendu et nos chefs avaient omis de faire rompre le pas en le traversant. C'est miraculeux qu'il ne soit pas arrivé d'accident. Nous avons défilé devant les membres du Gouvernement provisoire, qui étaient à l'Hôtel de Ville. La manifestation anti-républicaine avait avorté. Notre légion est remontée à son lieu de réunion, tambour battant, en chantant la Marseillaise, ou plutôt en répétant toujours la même strophe, et le refrain. J'avais pour voisin un brave ouvrier, ancien soldat, qui chantait à tue-tête le refrain :

Marchons ! Marchons !
Qu'un sang impur à *bras* la Nation !

J'ignore ce qu'il voulait dire avec à *bras* la Nation ; mais j'en ai conclu que pour la majorité du peuple l'air fait plus que la chanson.

Le lendemain 17 mars, le général Courtais, commandant en chef de la Garde nationale publia un Ordre du jour pour engager les gardes nationaux à l'ordre et à l'union et blâmer la manifestation des grenadiers et des voltigeurs. Le Gouvernement fit une proclamation sur le même sujet, et les compagnies d'élite furent abolies pour toujours.

Cette journée fut appelée la *Journée des bonnets à poil*.

La République de 1848, loin d'être hostile au clergé, le conviait à toutes ses fêtes, à ses cérémonies officielles. Comme à la première Révolution, elle voulut aussi planter des Arbres de la liberté, et les prêtres vinrent les bénir. Sur la place du Panthéon, l'abbé Faudet, curé de Saint-Etienne-du-Mont, vint processionnellement, le dimanche 26 mars, donner la bénédiction à l'Arbre de la liberté. On l'aida à monter sur une table, d'où il prononça une allocution qui fut fort applaudie. J'entendis près de moi une voix crier : « Vive le citoyen curé ! » Cet arbre fut brisé le 24 juin par un boulet de canon, à l'attaque du Panthéon.

L'Arbre de la liberté a été planté à Charly le dimanche suivant, 2 avril, sur la place dite du Champ de Mars. On n'a pas demandé au doyen d'en faire la bénédiction ; on se contenta d'une revue de la Garde nationale.

Mais pour se préparer à des élections républicaines, on constitua un comité central. Le 26 mars, je recevais du comité la communication suivante :

« Cher Concitoyen,

« Nous vous annonçons que tous les hommes qui se sont voués à Paris à l'instruction ou à l'éducation de la jeunesse se sont réunis, et d'un commun accord ont constitué une association républicaine pour l'enseignement national.

« Vous apporterez à cette association qui doit et qui veut, aux termes de son acte constitutif, exercer dans les affaires du pays sa part légitime d'influence, etc.....

« *Signé :* Ph. Le Bas (de l'Institut), président; Jacques, professeur de philosophie; Catalan, répétiteur à l'Ecole polytechnique; Despois, professeur de rhétorique, etc., etc. »

Chaque membre reçut sa carte, et j'ai conservé la mienne, ainsi conçue :

RÉPUBLIQUE FRANÇAISE

LIBERTÉ — ÉGALITÉ — FRATERNITÉ

Association pour l'Enseignement national républicain

CARTE PERSONNELLE

Signature du porteur,   *Le Président,*
CORLIEU.   PH. LE BAS.

Un décret du 5 mars avait fixé le mode et la date des élections, ainsi que le nombre des représentants à élire.

Le département de la Seine avait 34 représentants à nommer. Le département de l'Aisne en avait 14. Le vote était au scrutin de liste. Trouver trente-quatre noms, même à Paris qui renferme des illustrations de toute nature, n'est pas chose facile, quoi qu'on dise. Il faut compter avec l'engouement populaire, qui est le seul maître dans les élections. Le peuple vote pour un nom qu'il connaît, ou pour un programme, qui n'est le plus souvent qu'un tissu de promesses fallacieuses, ou pour d'autres motifs plus ou moins avouables. A partir de ce moment je suis devenu l'adversaire du scrutin de liste, qui envoie à la Chambre des gens inconnus des électeurs. Le moyen pour réussir est assez simple. Un comité s'improvise, qui se dit le comité *vraiment* républicain. Il désigne un candidat, souvent bien peu connu, pas plus du comité lui-même que des électeurs, et alors on pose à ces derniers cet argument sans réplique : « Voulez-vous la République ? Votez pour le

« citoyen X..., qui est l'homme qu'il vous faut et qui remplit
« toutes les conditions. Tous ceux qui voteront pour un autre
« candidat sont des monarchistes déguisés. » Et l'électeur, qui
en général n'aime pas le changement de gouvernement, car il
s'en aperçoit souvent à sa feuille de contributions, vote pour
le citoyen X..., qui a promis toutes les réformes possibles, et
même impossibles, la diminution des impôts, l'amélioration
du sort des travailleurs, la protection des intérêts agricoles,
de la voirie, etc., etc. Le citoyen X... est nommé et les choses
n'en vont pas mieux.

Il faut s'être un peu trouvé mêlé à ces agitations pour voir à
quelles orgies elles donnent lieu. Le marchand de vins est
souvent le grand agent électoral. Ce qui se passait en 1848 se
voit encore aujourd'hui à chaque élection.

Quelques professeurs de la Faculté de Médecine, un certain
nombre de médecins sont montés dans les chaires de la Faculté pour exposer leur profession de foi. Nous avons entendu
les professeurs Bouillaud, Malgaigne, Trousseau, Piorry,
Gerdy, les docteurs Recurt, Buchez, etc., etc. Deux seulement
réussirent à Paris, Recurt, qui devint Ministre de l'Intérieur
et Buchez qui fut élu Président de l'Assemblée Constituante.
Quelques autres furent élus dans leurs départements. J'ai collectionné presque toutes les professions de foi de cette époque,
et beaucoup d'autres depuis, aussi bien pour le département
de la Seine que pour le département de l'Aisne, et il m'est
impossible de les relire sans sourire de pitié ou de dégoût,
quand je songe à tout ce qu'on promet et à tout ce qu'on ne
fait pas. L'électeur en général est si crédule !

Pendant ce temps le numéraire devenait rare; l'argent se
cachait. L'agitation de la rue n'était pas de nature à faire marcher les affaires. Beaucoup d'étudiants en droit étaient rappelés par leurs familles. Mon camarade Natalis Coutelier vint
me faire ses adieux pour m'annoncer qu'il allait passer quelques mois à Charly, d'où il m'écrivait de temps en temps, pour
me tenir au courant des évènements qui se passaient dans

notre petite localité. Retenus par leurs services dans les hôpitaux, les étudiants en médecine étaient obligés de rester à Paris, mais ils furent autorisés à signer seulement sur le registre des inscriptions, le paiement de l'inscription étant ajourné après la crise monétaire.

Au peuple de Paris, comme aux Romains d'autrefois, il faut du pain et des spectacles. Il aime les rassemblements, les fêtes, les grands enterrements, les revues. Les membres du Gouvernement provisoire l'avaient bien compris ; aussi, les élections de la Garde nationale terminées, songèrent-ils à une grande fête pour la distribution des drapeaux à la Garde nationale et à l'Armée. Ils fixèrent la fête au jeudi 20 avril, qui fut décrété jour férié.

Dès sept heures du matin, malgré une petite pluie fine, nous étions réunis à l'emplacement qui nous avait été désigné, le fusil bien astiqué, la gourde au côté et la giberne pleine de munitions de bouche. C'était prudence. La Garde nationale et l'Armée s'étendaient depuis la Bastille jusqu'au Carré Marigny et sur les deux quais. Les bataillons de ligne alternaient avec ceux de la Garde nationale.

Une estrade avait été élevée à l'Arc-de-Triomphe de l'Etoile, pour les membres du Gouvernement provisoire, derrière lesquels étaient les membres du Conseil d'Etat, de la Cour de cassation et des autres tribunaux, les officiers généraux, les principaux fonctionnaires des grandes administrations et des dames en élégante toilette. Il me semble encore voir Caussidière, préfet de police et quelques-uns de ses collègues avec le gilet blanc à grands revers, rabattus sur l'habit, comme le porta, dit-on, pendant quelque temps un des membres actuels du Parlement. Ce fut d'ailleurs l'uniforme prescrit pour les représentants par un arrêté du Gouvernement provisoire, en date du 30 avril.

A neuf heures, le temps étant remis au beau, le défilé commença. Arrivé devant l'estrade, chaque colonel montait recevoir d'un des membres du Gouvernement le drapeau de son régiment ou de sa légion. Le canon tirait de minute en minute. Le défilé avait lieu par bataillons, en masse et par pelotons. Près de 400 mille hommes défilèrent devant le Gouvernement aux cris de « Vive la République ! » Deux légions de la Garde nationale ne purent défiler, la nuit étant arrivée. Elles furent ajournées au lendemain.

L'enthousiasme fut considérable et ce fut la première grande fête de la République.

Le lendemain le général Courtais, commandant en chef de la Garde nationale, adressait l'Ordre suivant qui fut affiché dans Paris, communiqué à toutes les légions et dont j'ai gardé la copie :

« Citoyens de la Garde nationale,

« Le souvenir de la fête d'hier ne s'effacera pas; c'était la
« *Fête de la Fraternité* : quatre cent mille hommes armés ont
« défilé triomphalement, au bruit du tambour et du canon,
« devant les Représentants provisoires de la République fran-
« çaise; jamais spectacle plus magique ne fut donné à un
« grand peuple....

« L'armée a partagé cet enthousiasme; mêlée dans vos rangs,
« vous l'avez accueillie avec ce sentiment de fraternité qui est
« pour l'avenir un gage inaltérable de puissance et d'union... »

Hélas ! cette fraternité entre l'armée et la Garde nationale ne devait pas durer plus de deux mois.

Les élections pour l'Assemblée nationale étaient terminées à la fin d'avril et l'ouverture de la Chambre des Représentants du peuple fut fixée au 4 mai. La garde de la Chambre était confiée à la Garde nationale.

Les fêtes étant toujours bien accueillies, le Gouvernement songea à en fixer une autre pour le 14 mai, qu'on appela *Fête de la Concorde*. J'en ai conservé le programme qui est assez curieux. Mais cette fête fut ajournée.

Les clubs en permanence n'avaient servi qu'à exalter l'opinion publique. J'en ai suivi un certain nombre pendant ces temps si agités. Des braillards disséminés dans la salle et bien embrigadés, des gens ayant un casier judiciaire, suffisent pour faire la majorité ou du moins une majorité factice. Ils crient, vocifèrent, injurient et empêchent ainsi la sincérité de la réunion. Ces réunions ne servent guère qu'aux ambitieux, aux charlatans en politique. Gambetta lui-même, qui avait pourtant l'envergure du tribun, s'y est brisé à Belleville, son terrain de prédilection. J'y ai vu insulter Lacordaire dans l'amphithéâtre de la Sorbonne et bien d'autres encore. Gambetta s'est laissé emporter à la fougue de son tempérament ; Lacordaire, plus maître de lui, s'est contenté de sourire. Le mépris est la seule et meilleure réponse à faire à ces injures, quand on songe d'où elles viennent. Il n'y a là qu'une affaire personnelle ; mais il n'en est pas de même quand on déchaîne les passions politiques, devant une foule quotidiennement surexcitée.

Une émeute était à craindre : elle eut lieu le 15 mai.

Parmi tous les clubs de Paris, le plus dangereux était celui qui avait pris la dénomination de *Club des Clubs* et dont le président était Huber. Sobrier, qui avait fait élection de domicile dans un des bâtiments de l'Etat, n° 16 (aujourd'hui n° 192) de la rue de Rivoli, était aussi à la tête d'un club fort important. Toutes ces réunions étaient la reproduction en petit du club des Jacobins, des Cordeliers, etc., de la première République. On y entendait les propositions les plus subversives. D'un autre côté, le soulèvement de la Pologne avait excité les esprits : ce soulèvement avait augmenté la sympathie chez les uns ; pour les autres, c'était un prétexte à manifestations. Les clubs en avaient profité pour créer des embarras au Gouvernement. On faisait circuler partout des pétitions en faveur de la Pologne. On criait à la fois : Vive la République ! et Vive la Pologne ! On demandait à l'Assemblée le rétablissement de cette nation par les armes et un impôt sur les riches, pour les frais de l'expédition. A la tête du soulèvement polonais était Louis Mieroslawski, que mes contemporains et condisciples ont connu comme professeur de mathématiques au collège de Château-Thierry, pendant deux ou trois ans.

Le dimanche matin, les tambours de la Garde nationale battaient le rappel dans tous nos arrondissements. Il ne s'agissait, disait-on, que d'une manifestation pacifique. Le Gouvernement était prévenu et craignait autre chose. Il fit afficher partout une proclamation exhortant à l'ordre et au travail.

La manifestation échoua le dimanche, mais elle fut remise au lundi 15 mai.

Ce jour-là, le représentant Wolowski devait prendre la parole en faveur de la Pologne. Des placards avaient été affichés dans tout Paris appelant le peuple à une grande manifestation. La réunion eut lieu à la Bastille, à dix heures du matin. La foule était considérable; plus de cent corporations avec leurs bannières y prenaient part. Les manifestants arrivèrent par les boulevards sur la place de la Concorde. Le pont était gardé par la Garde mobile, qui tenait tête à la manifestation; mais le général Courtais, qui était en même temps Représentant du peuple et commandant en chef de la Garde nationale, ayant fait mettre la baïonnette au fourreau, la ligne fut rompue et en un instant les grilles furent escaladées et la Chambre envahie. C'est ici que se place l'anecdote assez grotesque du *pompier du 15 mai*.

Je me trouvais en ce moment devant le palais du Corps législatif avec mon condisciple Bruyant, étudiant en droit, plus tard notaire à Damery. A quelques pas devant nous, nous apercevons un lieutenant d'artillerie de la garde nationale, en grande tenue, le sabre au côté, les bras croisés, regardant mélancoliquement les marches du Palais, littéralement inondées d'envahisseurs. Nous nous approchons; c'était notre ancien professeur, M. Vérelle, qui député par la Garde nationale de Château-Thierry pour la fête de la Concorde, fixée au 14 mai, assistait en curieux affligé à ces scènes de désordre. Après quelques mots échangés avec notre ancien professeur, nous nous sommes séparés.

Au même moment passent devant nous, montés sur des chevaux prêtés par des dragons, Lamartine et Ledru-Rollin, qui se rendaient à l'Hôtel-de-Ville, où un nouveau gouvernement venait de s'installer, reconnaissant pour membres : Barbès, Louis Blanc, Ledru-Rollin, Raspail, Pierre Leroux et Thoré.

La marche de Lamartine a été réellement un triomphe ; son cheval avait peine à avancer : c'était à qui serrerait la main de cet homme alors si populaire. Ledru-Rollin rencontrait moins de sympathies. Un escadron de dragons était en bataille sur le quai des Tuileries. « Vive la République ! » criait la foule en passant devant les cavaliers. « Oui ! dit le commandant, vive la République ! mais soyons assez vertueux pour la conserver. »

Ce commandant était un peu prophète, et involontairement je me rappelais les paroles de Montesquieu sur le gouvernement républicain.

Avec Lamartine et Ledru-Rollin, le gouvernement régulier entra à l'Hôtel de Ville. On arrêta les chefs de la manifestation, et l'ordre fut momentanément rétabli. Ledru-Rollin protesta contre l'apposition de son nom sur cette liste de l'Hôtel de Ville.

Tout étant rentré dans l'ordre, en apparence du moins, la fête de la Concorde, qui devait avoir lieu le 14 mai, fut remise au dimanche 31 mai. Elle emprunta ses symboles aux fêtes de la première Révolution. L'Armée, la Garde nationale, toutes les corporations y étaient représentées. Il y avait des députations des blessés de Février, des condamnés politiques, des décorés de Juillet, des délégués des départements, de la presse, des écoles, des artistes, des vétérans de la Grande-Armée, etc.

Depuis la Bastille jusqu'à la Madeleine, la haie était faite sur toute la ligne des boulevards par la Garde nationale et par l'Armée. Une trentaine de piédestaux s'élevaient, représentant les emblèmes du travail. Autour de chaque piédestal étaient groupés des jeunes filles vêtues de blanc et des délégués des corporations ouvrières qui devaient porter au Champ de Mars les chefs-d'œuvre de leur profession et les instruments des divers métiers.

A neuf heures, les Membres du Gouvernement et de l'Assemblée, partent de la Bastille. Les membres des différentes corporations avaient reçu une carte pour le cortège. J'ai conservé la mienne.

Place de la Madeleine stationnait le char de l'Agriculture, attelé de seize chevaux de labour, et portant trois arbres, un chêne, un laurier, un olivier et une charrue.

On flatte toujours l'Agriculture : c'est de la politique habile. Tous les candidats parlent, dans leurs professions de foi, de leur dévouement aux intérêts agricoles : demandons-leur ce qu'ils font pour l'Agriculture et quelles sont leurs connaissances spéciales à ce sujet. Ils ont un cliché tout fait, et ce n'est ni sur les bancs des écoles, ni dans les bureaux d'un journal qu'ils ont acquis des connaissances agricoles. Il y a à la Chambre à peine une dizaine d'agriculteurs contre plus de deux cents avocats et journalistes. Au lieu de cultivateurs à la Chambre, nous n'avons malheureusement que des cultivateurs en chambre.

En avant du char de l'Agriculture marchaient des Orphéonistes; derrière, les jeunes filles du Conservatoire, chantant alternativement des chœurs.

Presque tous les Gardes nationaux avaient orné le canon de leurs fusils de bouquets, de branches vertes, de petits drapeaux. Je n'oublierai jamais l'effet pittoresque de cette forêt mouvante de verdure et de fleurs.

A l'entrée du Champ de Mars s'élevaient deux pyramides surmontées de drapeaux des Nations amies. A celle de droite flottaient les drapeaux de l'Allemagne et de l'Italie : au pied étaient adossées trois figures, représentant la France, l'Italie et l'Allemagne se donnant la main.

Les choses ont bien changé depuis.

A l'extrémité du Champ de Mars se dressait l'estrade, adossée à l'Ecole militaire, réservée aux Membres du Gouvernement, à l'Assemblée et aux grands fonctionnaires.

Au milieu du Champ de Mars s'élevait une statue gigantesque de la République.

Toute l'Armée, toutes les corporations défilèrent devant l'estrade du Gouvernement.

C'est la dernière revue à laquelle j'ai assisté. Plus de 300,000 hommes ont défilé au Champ de Mars aux cris de : « Vive la République ! » C'était la véritable fusion de toutes les classes. Je ne crois pas que pareille fête se reproduise de sitôt. Ce n'était évidemment pas le luxe des revues d'aujourd'hui ou de celles du temps de l'Empire ; mais c'était, pour nous autres jeunes gens, l'enthousiasme, l'espérance dans l'avenir, la foi dans la probité politique.

Les années et l'expérience rendent bien sceptique.

La fête se termina par les feux d'artifice et les illuminations de rigueur.

Quelques jours après cette grande fête de la Concorde, quand on crut l'ordre tout à fait rétabli, les citoyens du département de l'Aisne songèrent à se réunir dans un banquet, pour mieux se connaître et resserrer les liens qui doivent unir tous les honnêtes gens d'un même département. Ce banquet, fixé à un prix modique, eut lieu chez Chapart, rue d'Angoulême, restaurant alors assez en vogue pour les noces et repas de corps. Quelques-uns des Représentants de l'Aisne (1) y assistaient, entr'autres Lherbette, Quinette, Vivien, De Tillancourt. Au dessert, après quelques paroles de nos Représentants, on jura d'aimer et de défendre la République. Je m'y trouvais avec quelques étudiants du département et, si j'ai bonne mémoire, il me semble bien que j'avais pour voisin de table un étudiant en médecine de La Fère, portant l'uniforme de sous-lieutenant de la Garde nationale de Paris, et nommé Hugot. Si l'étudiant de 1848 est le chirurgien actuel de l'Hôtel-Dieu de Laon, je le prie de me rectifier, si j'ai commis quelque erreur involontaire.

---

(1). Les Représentants du département de l'Aisne étaient : Lherbette, Quinette, Baudelot, Odilon Barrot, Nachet, Vivien, Dufour, De Tillancourt, Lemaire, Plocq, Bauchart, Desabes, Leproux, De Brotonne.

La fête du 21 mai avait été un immense soulagement pour les esprits. Le calme était revenu en apparence. Mais les clubs fomentaient sans cesse la discorde : les ateliers nationaux étaient le foyer d'une propagande socialiste. Une autre propagande, non moins redoutable, se faisait en faveur de Louis-Napoléon Bonaparte, élu Représentant du peuple à Paris. Le 12 juin, Lamartine, au nom de la Commission du pouvoir exécutif, avait demandé à la Chambre l'application de la loi de 1832, qui concernait le prince, c'est-à-dire son bannissement du territoire français. Le 13, l'Assemblée validait son élection ; le 15, Louis-Napoléon Bonaparte donnait sa démission.

La propagande devenait de plus en plus active. Des gens embrigadés parcouraient Paris et les quartiers ouvriers, en chantant sur l'air *des Lampions* : « Nous l'aurons ! ou du plomb ! »

Louis Blanc, avec ses propositions d'organisation du travail, avait fait plus de mal que de bien à la classe ouvrière. J'ai assisté à une séance au Luxembourg, sans avoir envie d'en voir une seconde.

Si l'impôt fort impopulaire des 45 centimes avait aliéné bien des esprits à la République, il y avait un élément de discorde bien plus puissant. Une crise terrible devait éclater. Elle eut lieu le 24 juin : ce fut le suicide de la République de 1848.

Je me rappelai les paroles du commandant de dragons, le 15 mai.

Le 23 juin 1848, ma compagnie commandée par le capitaine Amiel, était de garde à l'Assemblée nationale. Dans l'après-midi, on nous informa que des rassemblements s'étaient faits dans les quartiers habituellement tranquilles de la rive gauche et qu'ils menaçaient d'envahir l'Assemblée. Le capitaine Amiel fit doubler les factionnaires et charger les armes.

Le soir, en revenant Place du Panthéon, nous apprenons que les rassemblements s'étaient dissipés seuls et que tout, en apparence, était rentré dans l'ordre.

Le lendemain 24 juin, j'étais allé à l'église de la Madeleine, pour le service anniversaire d'un de mes parents, et quelle ne fut pas ma surprise, en sortant de l'église, de voir la ligne des boulevards occupée militairement par des bataillons de la Garde nationale, de la Garde mobile et de l'armée de ligne. On nous dit que les barricades venaient d'être élevées dans les rues Saint-Martin, Saint-Denis et dans beaucoup d'autres quartiers.

Il était impossible de traverser les lignes. Néanmoins, grâce à ma carte d'étudiant et à ma trousse, qui ne me quittaient pas alors, je pus arriver non sans difficultés jusqu'au Palais Bonne-Nouvelle, aujourd'hui connu sous la désignation de *la Ménagère*. Je m'adressai immédiatement au médecin principal, le Dr Ricque, lui présentai ma carte d'étudiant et me mis à sa disposition en cas de besoin.

Plusieurs compagnies de Garde nationale étaient en ligne au niveau de la rue de La Lune. L'insurrection avait élevé une formidable barricade entre la Porte Saint-Denis et les maisons du boulevard Bonne-Nouvelle. Tout-à-coup, les insurgés font presque à bout portant sur la Garde nationale une décharge qui fit beaucoup de victimes. Avrial, négociant, tomba à mes côtés, mortellement frappé d'une balle à la tête. Parmi les morts, se trouvait le mari d'une actrice que tout Paris a longtemps applaudie au théâtre du Palais-Royal, Mme Thierret. Grâce à l'intervention de notre compatriote, M. de Tillancourt, représentant du peuple, elle obtint une pension du Gouvernement, comme veuve d'un garde national, tué au feu. La Garde nationale répondit au feu des insurgés et la barricade fut prise.

Morts et blessés furent transportés dans le Palais Bonne-Nouvelle, mis à notre disposition, et la pharmacie Boutron-Charlard envoya les médicaments nécessaires.

Je restai à cette ambulance jusqu'à ce que tous les blessés fussent pansés : il était environ cinq heures du soir. Quelque temps après, le docteur Ricque me donna un certificat que je garde précieusement dans mes papiers.

Je revenais par la rue Saint-Martin également sillonnée de

barricades. J'avais dans cette rue un compatriote et camarade de collège, Madelain, dont j'étais bien aise d'avoir des nouvelles. Il m'apprit que son voisin Vignon, frère du notaire de Charly, venait d'être tué par un boulet de canon, rue Saint-Martin.

Ce ne fut pas sans difficultés que je pus parvenir jusqu'au Petit Pont, au bas de la rue Saint-Jacques. Une barricade fermait l'entrée de la rue et s'élevait jusqu'au premier étage de la maison de commerce dite des Deux Pierrots. La barricade venait d'être enlevée, après un rude combat, par la Garde nationale, la Garde mobile et un détachement du 48e de ligne. Ce régiment est un de ceux qui ont le plus souffert pendant la lutte; tous les officiers supérieurs avaient été mis hors de combat. Le général Bedeau avait reçu une balle dans la cuisse gauche, et le colonel Voiron, de la Garde républicaine, avait été blessé.

A la faveur de ma carte d'étudiant, je fus autorisé à escalader la barricade pour me rendre à l'hôpital, mais toutefois, ajoutèrent les gardes nationaux, à mes risques et périls, car la rue Saint-Jacques n'était pas libre.

Je pus néanmoins monter jusqu'à la rue des Noyers aujourd'hui prise en partie par le boulevard Saint-Germain. Le reste de la rue jusqu'au faubourg Saint-Jacques était au pouvoir de l'insurrection.

Il y avait un peu avant la rue des Noyers une barricade au pouvoir de l'armée; à cent pas plus haut environ, au niveau de la rue des Mathurins (aujourd'hui rue Du Sommerard), une autre barricade au pouvoir de l'insurrection. J'avais franchi la première et me trouvais au niveau du n° 55 de la rue Saint-Jacques, maison fort connue aujourd'hui des étudiants qui vont y verser l'argent de leurs inscriptions. Un coup de feu partit de la barricade des Mathurins. Est-ce à moi qu'il était destiné ? Je l'ignore; j'entendis la balle siffler et ne fus pas atteint. J'étais seul dans la rue; je n'eus que le temps de frapper à la porte du n° 55, qui ne s'ouvrit pas et je ne vis de salut qu'en me couchant contre cette porte. Une décharge s'en suivit et lorsque le feu eut cessé, je pus gagner au pas de course la maison d'un marchand de vins, qui était une sorte de quartier général d'insurrection.

J'avoue que mon embarras était grand et mon inquiétude considérable. Je ne me sentais pas en sûreté au milieu de tous ces insurgés, parmi lesquels je reconnus quelques gardes nationaux de ma compagnie, passés à l'insurrection. Il y avait quelques blessés : une ambulance provisoire fut établie rue des Noyers, vis-à-vis le n° 39; j'en eus la direction.

Il y avait plusieurs barricades depuis l'entrée de la rue des Noyers jusqu'à la place Maubert, l'une au coin de la rue des Anglais, l'autre au coin de la rue des Lavandières. La place Maubert était fortement défendue. S'en emparer n'était pas chose facile. Plusieurs tentatives infructueuses avaient été faites, quand tout à coup déboucha un peloton pêle-mêle de gardes nationaux, de mobiles et de soldats de la ligne. A leur tête était un jeune lieutenant de mobiles, et parmi eux je vis mon camarade de collège Millot, caporal dans la 11e légion de la Garde nationale, Gautier, répétiteur à Sainte-Barbe et un jeune homme ayant la petite tenue de l'École polytechnique, capote, képi, l'épée au côté et le fusil à la main. Comme il portait toute sa barbe, ce qui n'est pas d'uniforme, j'eus quelques soupçons sur son identité et crus d'abord que c'était un *civil* qui avait acheté quelque défroque de polytechnicien. Cet uniforme, depuis la Révolution de 1830, a toujours un effet magique au milieu des mouvements populaires. C'est que l'École polytechnique est la grande école nationale, que ses portes ne s'ouvrent que devant le vrai mérite, que la faveur n'y a point accès et que c'est là vraiment que toutes les classes sont confondues dans un grand sentiment : *Patrie.*

Ce petit détachement s'empara non sans peine de la barricade près de laquelle était mon ambulance et, de chirurgien au service des insurgés, je me trouvai immédiatement chirurgien au service de l'armée nationale. Un drapeau hissé à la porte indiqua la neutralité de la maison, et deux modestes chambres au premier étage furent disposées, tant bien que mal, pour recevoir les blessés.

La fusillade durait depuis quelque temps et j'étais descendu derrière la barricade lorsque le lieutenant de mobiles fut frappé à l'épaule d'une balle qui brisa la torsade de son épaulette, ne fit heureusement que labourer l'omoplate et le força à quitter la lutte. Ce jeune homme s'appelait Max Lamarque et était le petit-fils du général de ce nom, mort en 1832.

Plusieurs autres combattants tombèrent, parmi lesquels le jeune polytechnicien que je reçus dans mes bras. Il venait d'être frappé d'une balle qui avait pénétré dans l'articulation de l'épaule, au moment où il apprêtait son arme pour faire feu. Je le fis porter dans la première chambre, et en lui ôtant son épée je pus lire sur la coquille le nom de *Lesbros*. Il me dit qu'il était le fils du colonel de génie Lesbros, commandant en second l'École polytechnique et que sa famille habitait rue Corneille, n° 7.

Pendant ce temps le petit détachement enleva au pas de course les quelques barricades qui le séparaient de la place Maubert et se rendit maître de cette place, les insurgés ayant regagné le Panthéon par les rues des Carmes et de la Montagne Sainte-Geneviève.

Mon camarade Millot fit bravement son devoir et n'eut heureusement pas besoin de mes services.

J'envoyai à l'École polytechnique et rue Corneille prévenir la famille de Lesbros. Après une attente assez longue, par suite des difficultés de la circulation, le colonel Lesbros vint en uniforme à ma petite ambulance et je le conduisis au lit où gisait le blessé, qu'il embrassa et à qui il dit pour toutes paroles : « C'est bien, mon Louis ! » Le vieux militaire renfonça une larme que nous autres ne pûmes retenir.

Lesbros était sorti depuis un an de l'École polytechnique : il était à l'École des Mines et il avait revêtu son ancien uniforme pour servir comme garde national volontaire.

Il n'a pas voulu subir la désarticulation de l'épaule et il est mort rue Corneille, le 24 juillet 1848, après un mois de souffrances.

Lesbros repose ou cimetière du Mont-Parnasse, 17e division, 1re section, 1re ligne, ouest. Sa tombe est comme toutes celles, malheureusement trop nombreuses, des élèves de l'École polytechnique. Elle consiste en une colonne surmontée d'une urne funéraire, avec cette inscription :

A LEUR CAMARADE

C.-J.B.-L. LESBROS

ÉLÈVE INGÉNIEUR DES MINES, ANCIEN ÉLÈVE DE L'ÉCOLE POLYTECHNIQUE

MORT D'UNE BLESSURE REÇUE LE 24 JUIN 1848

EN COMBATTANT POUR L'ORDRE ET LA LIBERTÉ

———

LES ÉLÈVES DE L'ÉCOLE POLYTECHNIQUE

Ceux qui visitent le cimetière du Mont-Parnasse peuvent voir une tombe analogue, c'est celle de Vaneau, l'élève de l'École polytechnique, tué aux Journées de Juillet 1830, à l'attaque de la caserne de la rue de Babylone. On a donné le nom de Vaneau à une rue du voisinage et tous les ans une députation des élèves de l'École porte une couronne sur la tombe de leur camarade.

Pourquoi la tombe de Lesbros n'est-elle pas l'objet du même culte ? La même mort mérite le même souvenir...

Chaque fois que je vais au cimetière du Mont-Parnasse, je visite la tombe de cette pauvre victime de nos dissensions civiles. Le colonel Lesbros repose non loin de son fils.

Lorsque l'ordre fut un peu rétabli et la circulation rendue facile entre la rue des Noyers et l'Hôpital des Cliniques, j'y fis transporter nos blessés et y repris mon service. Le lieutenant Lamarque guérit de sa blessure et fut nommé chevalier de la Légion d'honneur, par le général Cavaignac.

Le 25 juin 1848, le directeur de l'Hôpital des Cliniques me délivra un permis de circulation dans Paris, ainsi conçu :

« Administration générale des Hôpitaux et Hospices
« civils de Paris.

« Bon pour laisser passer le citoyen Corlieu pour service
« d'ambulance.
« *Le Directeur,*
« Signé : HAVARD. »

Le lendemain 26 juin, on avait fait demander à l'Hôpital un étudiant pour soigner le général Martin de Bourgon, blessé. Je fus désigné et on me remit le permis suivant :

« Administration générale des Hôpitaux et Hospices
« civils de Paris.

« Bon pour laisser passer M. Corlieu pour aller de la Cli-
« nique à la rue Neuve du Luxembourg (aujourd'hui rue
« Cambon) pour soigner le général de division Bourgon,
« blessé.
« Vu par le directeur,
« Signé : HAVARD. »

Le général Martin de Bourgon est mort des suites de sa blessure.

Pendant ce temps les gardes nationales des départements limitrophes se rendaient à Paris, autant pour prêter leur concours à l'armée que pour lui apporter leur appui moral. Il y eut beaucoup de victimes.

Charly comptait trois de ses enfants dans la Garde Mobile, qui a si puissamment contribué au triomphe du parti de l'ordre. C'étaient Gancel, ancien élève du collège de Château-Thierry, tué dans l'expédition si malheureuse du Mexique, Chatelain et Touchard, ancien architecte à Château-Thierry.

La Garde nationale de Charly suivit celle de Château-Thierry. Elle coucha à Meaux et arriva le lendemain à Paris. Le 27 juin, à quatre heures du matin, on vint me faire demander à l'hôpital des cliniques ; c'était mon père qui était venu avec la subdivision des Sapeurs-Pompiers de Charly, dont il faisait partie depuis 1830.

La Garde nationale de Charly était campée dans un manège près de la Porte Saint-Martin. Je m'y rendis et y rencontrai beaucoup de mes compatriotes.

Dans la journée, un de mes amis, M. Gilquin, qui faisait partie de la Garde nationale de Charly, vint me voir à l'hôpital des cliniques. Je pus lui faire parcourir nos salles encombrées de blessés et lui faire visiter la salle des morts, remplie de cadavres. Parmi eux gisaient le commandant de Garde mobile Cippoline, tué place Saint-Michel, à côté de M. Résal, élève à l'École Polytechnique, aujourd'hui Membre de l'Institut et Inspecteur général des Mines, mon sergent Rag.....d, fusillé comme insurgé et un jeune maître d'études du Lycée Saint-Louis, Barbier, tué d'une balle en pleine poitrine, à la porte même du Lycée.

Le corps de Vignon avait été ramené à la Ferme Paris. Il fut inhumé dans le cimetière de Coupru et un fort détachement de la Garde nationale de Charly lui rendit les honneurs militaires.

．·．

Presque tous les hommes qui ont joué un rôle marquant pendant la République de 1848 ont disparu, et, aujourd'hui, l'histoire peut les juger avec impartialité. Parmi ces hommes, les uns étaient sincèrement républicains et l'étaient depuis longtemps : ils l'avaient été à une époque où il y avait quelque danger à l'être, bien différents sous ce rapport de beaucoup de bruyants républicains d'aujourd'hui, qui se montrent quand le danger est passé, qui s'agitent, se démènent, font parade de sentiments et de convictions qui n'ont pas été à l'épreuve, et qui ne demandent à la République que places, honneurs et profits. Toutes les formes de gouvernement font voir ces sortes de métamorphoses de hannetons bourdonnants.

Si l'on a quelques reproches à faire aux républicains de 1848, que les néorépublicains appellent plaisamment les *vieilles barbes*, on ne peut au moins leur dénier la probité. Ils ont eu à organiser un gouvernement nouveau auquel on n'était pas préparé. Jour et nuit, pendant plus de deux mois, ils ont été sur la brèche, en lutte avec les monarchistes et les utopistes, et le Moniteur officiel montre combien les Membres du gouvernement provisoire ont rendu de décrets, dont quelques-uns cependant sont un peu contradictoires.

Ils ont été pendant deux mois et demi maîtres de la France; ils ont eu les caisses et le trésor à leur merci; il ont tenu dans leurs mains la fortune publique, et les comptes du Ministère des finances ont établi qu'ils ont touché chacun 12,000 francs pour les deux mois et demi de pouvoir, dont 1,000 francs ont été versés à la Caisse des dons patriotiques. On a fait contrôles sur contrôles, et les vérifications ont établi l'honnêteté et la régularité des comptes.

En général tout homme qui quitte le pouvoir emporte avec lui quelques épaves de sa fortune passagère. Il nous a semblé assez curieux de suivre dans leur retraite les membres du Gouvernement provisoire.

Dupont, de l'Eure, est allé mourir modestement dans sa petite propriété de Rouge Periers, en 1855, avec une fortune amoindrie.

Arago n'a guère laissé aux siens que son nom.

Garnier-Pagès a continué à vivre simplement dans son domicile de la rue Saint-Roch, dont il fut locataire pendant plus de trente ans. Il est mort en 1878, sans avoir accru sa fortune.

Ledru-Rollin avait épousé une riche anglaise. Il diminua son patrimoine dans la politique, mais il fit d'heureuses spéculations dans des acquisitions de terrains. Rentré en France à la fin de l'Empire, il fut élu en 1871 membre de l'Assemblée nationale; mais il donna immédiatement sa démission. Il est mort le 31 décembre 1874.

Marié et Crémieux sont retournés au Palais.

Flocon est mort assez misérable en Suisse, en 1866, vivant du produit de sa plume.

Marrast n'a pas laissé de quoi payer son convoi.

Pagnerre est retourné à sa librairie de la rue de Seine, qui avait un peu périclité pendant son passage aux affaires.

Louis Blanc, qui avait fait bien du mal à la République de Février, avec ses projets d'organisation du travail, fort compromis dans la journée du 15 mai, fut forcé de reprendre le chemin de l'exil, vécut en Angleterre du produit de ses travaux historiques et littéraires, s'y maria et rentra en France en 1870. Il vivait très simplement à Paris, dans le premier arrondissement, fut membre du Corps législatif, mourut en 1882 et fut enterré aux frais de l'Etat, dépense qui n'était pas des plus indispensables.

Lamartine a accru ses dettes au pouvoir. Après les événements de Juin, il est redevenu simple représentant. Sa popularité s'en est allée. On a oublié les services rendus. Il avait cinquante-sept ans; jusqu'alors il avait vécu sans compter. Il a dû se remettre au travail pour vivre. Le coup d'Etat du 2 décembre 1851 le rendit tout-à-fait à la vie privée. Il s'est mis à un travail incessant de productions littéraires éphémères : on fit des souscriptions en sa faveur, et enfin en 1867, sur un rapport d'Emile Ollivier, le Gouvernement impérial, qu'il avait combattu, lui fit une dotation dont l'intérêt ne lui fut payé que pendant deux années. Il avait alors soixante-seize ans.

Il est mort dans sa propriété de Saint-Point, le 1er mars 1869, et le Gouvernement avait décidé que ses funérailles seraient faites aux frais de l'Etat. Mais Lamartine avait exprimé le désir d'être enterré le plus simplement possible. On se conforma à sa volonté dernière.

Ce fut le dernier contraste entre Lamartine et Victor Hugo. En 1848, dans son journal l'*Evénement* (1), Victor Hugo s'était montré partisan de la candidature de Louis-Napoléon Bonaparte à la présidence, candidature que combattait Lamartine. Victor Hugo est mort le 22 mai 1885 et ses funérailles grandioses ont été faites aux frais de la Nation.

Lamartine repose à Saint-Point; Victor Hugo au Panthéon.

.*.

Le général Cavaignac nommé le 23 juin 1848, par la commission du Pouvoir exécutif, commandant en chef de toutes les forces militaires, eut à réprimer la plus terrible insurrection qu'on eut vue jusqu'alors. Il fut considéré comme un sauveur par une partie de la bourgeoisie et des classes élevées, mais il devint odieux à la population ouvrière, qui avait été égarée par des meneurs et par une propagande criminelle, ce qui ne contribua pas peu à augmenter la popularité de Louis-Napoléon Bonaparte, aussi bien à Paris que parmi les populations des campagnes.

Après la lutte, le général Cavaignac avait fait afficher dans Paris la proclamation suivante :

---

(1). Voir n°s du 28 octobre au 10 décembre.

« Citoyens soldats,

« La cause sacrée de la République a triomphé : Votre dévouement, votre courage inébranlable ont déjoué de coupables projets, fait justice de coupables erreurs. Au nom de la Patrie, au nom de l'humanité toute entière, soyez remerciés de vos efforts, soyez bénis pour ce triomphe nécessaire.

« Ce matin encore l'émotion de la lutte était légitime, inévitable. Maintenant soyez aussi grands dans le calme que vous venez de l'être dans le combat. Dans Paris je vois des vainqueurs et des vaincus : que mon nom reste à jamais maudit si je consentais à y voir des victimes. La justice aura son cours ; qu'elle agisse, c'est votre pensée, c'est la mienne.

« Prêt à rentrer au rang de simple citoyen, je reporterai au milieu de vous ce souvenir civique, de n'avoir dans ces graves épreuves, repris à la liberté que ce que le salut de la liberté lui demandait lui-même et de léguer un exemple à quiconque pourra être à son tour appelé à remplir d'aussi grands devoirs.

« *Le Chef du Pouvoir exécutif,*

« Signé : CAVAIGNAC. »

L'ordre se rétablit vite. Le général Cavaignac, passa en revue toutes les Gardes nationales, avant leur retour dans leurs foyers. Il fut décrété que leur voyage à Paris leur serait compté comme campagne.

Cavaignac déposa le 28 juin ses pouvoirs extraordinaires que l'Assemblée lui avait confiés et il fut nommé Président du Conseil des ministres chargé du Pouvoir exécutif.

Le 10 décembre 1848, lorsque le pays fut appelé à élire le Président de la République, il oublia Cavaignac comme, quelques mois auparavant, il avait oublié Lamartine, et Louis-Napoléon Bonaparte fut élu par 5,434,226 suffrages ; Cavaignac n'en eut que 1,448,107. Il n'en eut que 12,926 dans le département de l'Aisne, contre 117,731 donnés à Louis-Napoléon Bonaparte.

Au coup d'État du 2 décembre 1851, le général Cavaignac était arrêté à son domicile de la rue du Helder, n° 17, par le commissaire de police Colin, conduit à Mazas, puis à Ham. Il fut remis en liberté, resta à Paris, fut élu député en 1852 et en 1857, refusa de prêter le serment à l'Empire et est mort subitement d'une maladie de cœur le 28 octobre 1857, laissant comme héritier de son nom un fils qui, après avoir passé comme son père par l'École polytechnique, siège aujourd'hui à la Chambre des députés.

*
* *

Ce voyage rétrospectif à travers mes souvenirs de quarante ans a été pour moi plein de charmes. J'ai revécu mes jeunes années d'étudiant. J'ai revu par la pensée les Tuileries envahies, la galerie d'Orléans convertie en ambulance improvisée, les fêtes et les douleurs de la République de 1848. J'ai pu constater, à quarante ans de distance, combien sont ondoyantes les opinions de certains hommes soi-disant politiques, plus soucieux de leurs intérêts personnels que de ceux du pays qu'ils représentent et qu'ils exploitent à leurs profits. Et comme l'humanité est toujours la même, ceux qui nous survivront sont exposés à revoir des faits analogues avec quelques variantes plus ou moins importantes.

J'ai écrit ces souvenirs « de bonne foy », d'après les notes que j'ai l'habitude de prendre sur les événements qui se passent autour de moi, sur les gens que je coudoie ou que je fréquente. J'ai mis alors au service de mon pays, comme je l'ai fait en 1870, tout ce que j'avais de forces et de bonne volonté. J'ai fait mon devoir de citoyen.

FIN

Château-Thierry. — Imp. de l'*Echo Républicain de l'Aisne*.

www.ingramcontent.com/pod-product-compliance
Lightning Source LLC
LaVergne TN
LVHW020052090426
835510LV00040B/1664